U0935252

中华中医昆仑

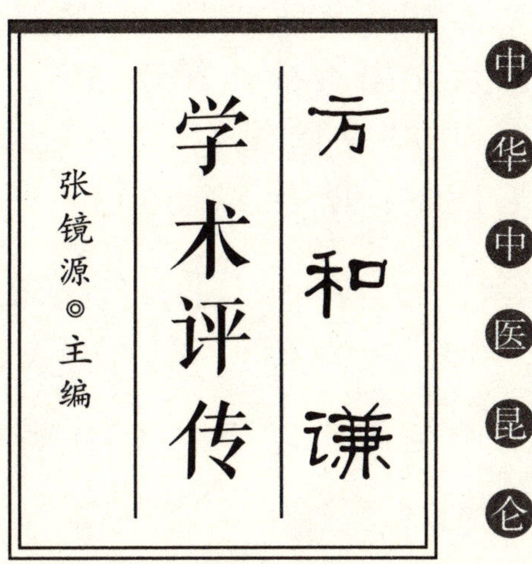

中国盲文出版社

图书在版编目（CIP）数据

方和谦学术评传（大字版）/ 张镜源主编. —北京：中国盲文出版社，2015.12

（中华中医昆仑）

ISBN 978-7-5002-6875-8

Ⅰ. ①方…　Ⅱ. ①张…　Ⅲ. ①方和谦（1923～2009）—评传　Ⅳ. ①K826.2

中国版本图书馆 CIP 数据核字（2015）第 309054 号

方和谦学术评传

主　　编：张镜源
责任编辑：计　悦
出版发行：中国盲文出版社
社　　址：北京市西城区太平街甲 6 号
邮政编码：100050
印　　刷：北京华联印刷有限公司
经　　销：新华书店
开　　本：700×1000　1/16
字　　数：42 千字
印　　张：6.5
版　　次：2015 年 12 月第 1 版　2015 年 12 月第 1 次印刷
书　　号：ISBN 978-7-5002-6875-8/K·479
定　　价：12.00 元
销售服务热线：（010）83190297　83190289　83190292

丛书编委会

前言

中医药是中华民族的伟大创造，是世界医学宝库中的夺目瑰宝，数千年来为中华民族的繁衍昌盛作出了巨大的不可磨灭的贡献，至今仍是中国医药卫生事业不可分割的重要组成部分，在维护民族体魄康健、促进经济社会发展中发挥着不可替代的作用。

中医药学，是中华传统文化和科技文明的结晶，是勤劳聪慧的中华儿女在几千年生产生活实践中，在与疾病作斗争的过程中，创造的独具特色的医学科学体系。它有着浓郁的民族特色、深厚的文化底蕴和丰富的哲学内涵。经过一代又一代中医药传人、一辈又一辈名医大家的实践探索、薪火传承、总结完善、创新发展，逐步形成了系统的理论体系、独特的诊疗方法、丰富的医学内容、实用的制药技术。具有疗效确切、用药安全、应诊灵活、普适简廉和预防保健作用显著的巨大优势，在世界医学之林独树一帜，为人类的文明进步与医疗保健事业，已经并正在作出积极的贡献。

为了弘扬中华民族传统文化，彰显中医药学家的丰功伟绩，当代中医药发展研究中心与中国文学艺术界联合会、国家中医药管理局新闻办公室、中华中医药学会、中国中医科学院、北京中医药大学、世界中医药学会联合会等精诚合作，在国家中医药管理局的支持和指导下，为中华近现代百年来贡献卓著、深受敬仰的150位中医药学家，编撰出版了这部大型传记丛书。丛书采用评传体裁，记载他们的生平事迹、医术专长、学术思想、传承教育、医风医德、养生之道和突出贡献，使这些宝贵的医学成就和精神财富发扬光大，千古流芳。

丛书取名《中华中医昆仑》。昆仑山，被尊为“万山之祖”，柱西北而瞰东南，立中国而凭世界，凌驾乾坤，巍然屹立。以其高峻豪迈、绵延起伏的磅礴气势，寓意中华中医药学历史悠久、博大精深和永不衰竭；以其挺拔雄伟、高耸入云的恢弘气魄，彪炳一代中医药学家的丰功伟绩、杰出贡献和不朽勋业。

丛书入选传主，从全国范围推荐遴选，遍及中医药界各个领域。有临床家、理论家、药学家、教育家、医史文献学家；有名师亲授、世医家教、学派传人、院校毕业和自学成才者；有师徒并驾、父子齐名和伉俪联袂者。他们学术造诣深厚、诊疗技术精湛、临床经验丰富、学科地位崇高、科研成果丰硕、医风医德高尚、国内外影响较大，从医学理论到临床实践，为中医药事业的传承和发展作出了突出贡献，是近现代百年来中华中医药界的杰出代表。

丛书的出版，对于弘扬中华文化，振兴中医药事业，造就中医药人才，普及中医药知识，具有重要的现实意义和深远的历史意义。这是一项开创性工作，填补了我国为著名中医药学家大规模撰写传记的空白；也是一项抢救性工作，因入选传主已仙逝过半，许多亲历、亲见、亲闻的史料日见散逸，将之收集整理、编撰成书，功垂后世、利国利民；更是一项承前启后的工作，总结传主经验，传承中医药伟业，继往开来，光耀世界医学之林。这部医文结合，富蕴历史性、学术性、文学性和实用性的鸿篇巨制，对医疗、卫生、科研、教育及全球关注中华中医药文化的各界人士，都有重要的参考和阅读价值。

丛书的编撰出版，是一项巨大的中医药文

化建设工程，在策划、撰写、编辑、出版过程中，自始至终得到了国家有关领导、政府部门及社会各界人士的关心和支持。国家中医药管理局高度重视，并组织专家对全书进行终审；数百名专家、学者亲临指导，参与规划；有关省、市、自治区卫生厅、局、中医局（处）给予大力帮助；传主及其亲属、弟子热情支持、密切配合；撰稿人深情满怀、辛勤笔耕；编审专家尽心竭力、精工细琢；关爱中医药事业的企业家热心公益、慷慨资助；全体工作人员不辞辛劳、无私奉献，这一切使丛书得以顺利出版。对此，我们深表谢意。

由于时间紧迫和资料搜集困难，加之水平有限，难免有疏误之处，敬请广大读者批评指正。

中华中医药学，历史悠久，源远流长，发端于远古，奔向于未来。百年对于历史，不过是短暂的瞬间；百人对于万众，不过是沧海一粟。然本丛书所记载的百年百人，则无疑是波澜壮阔的中医药发展史上辉煌的篇章和光芒闪烁的璀璨星辰。

张镜源

待人接物须德取延和，义本泰康；执行医事要胆大心细，智圆行方。

——方和谦

方和谦（1923—2009），当代著名中医临床家、教育家，出生于山东烟台莱州。12 岁随父习医，19 岁考取医师资格，开“方和谦诊所”行医。1952 年参加“中医学习西医进修班”学习西医知识 2 年。1954～1958 年在北京市卫生局中医科任科员，主管中医师资格审批，参与北京市中医医院及综合医院中医科组建工作。1958 年调北京中医医院任内科医师、教研组组长，兼任北京中医进修学校伤寒教研室组长，教授《伤寒论》课程。1968 年任北京朝阳医院中医科主任、主任医师，兼任首都医科大学教授职务。从 1978 年起曾任中华中医药学会理事、中国红十字会理事、北京中医药学会会长、北京市科协常务委员、《北京中医》杂志常务编委、北京中医药大学顾问等职。1993 年始享受国务院政府特殊津贴。1991～2008 年先后担任全国第一、二、三、四批老中医药专家学术经验继承工作指导老师。2009 年由人力资源和社会保障部、卫生部、国家中医药管理局评选为国医大师。

方和谦幼蒙庭训，熟读经典，钻研灵素之学，潜心伤寒之论，奠定了深厚的理论基础。在其 60 余年的行医生涯中，积累了丰富的临床经验，不断创新，成就了独到的学术见解。方和谦将中医学视为哲理医学，重视人和自然的统一，形成“燮理阴阳，以平为期”的生理观；遵循治病求本的思想，强调正气为本，扶正以祛邪的治疗观。他重视先后天之本的理论，长于运用补法、和法，提出“和为扶正，解为散邪”的独到见解，拓宽了和解法的应用范围。

在长期的临床实践中，他总结并创制了“和肝汤”、“滋补汤”等有效方剂，广泛应用于临床治疗内、外、妇等各科杂症，取得了显著的临床疗效，以此造就了他卓越的临证思辨能力，形成了独特的学术思想。

方和谦自幼立志“大医精诚”，一生行医以诚为本，遵循实事求是、精益求精的准则。他医术精专，注重疗效，临证对方剂的应用提出一病一方的观点。他认为，21 世纪中医学术的发展，不能墨守成规，要在前人思想指导下开拓创新，古为今用，洋为中用，不拘经方时方，以提高疗效为主，加以继承和发展。

方和谦从事中医药教育事业 50 余年，培养的中专生、大学生、进修生和西学中医生遍布京城内外，如今大都已成为中医药事业的骨干和栋梁。

方和谦总结自己成功的要素为：注重临床，熟读经典；以人为本，与时俱进。他多次发自肺腑地说，医生的工作关乎患者的生命，一定要实事求是，绝不能患足己不学，既学患不行。他的治学格言是“学然后知不足，度然后知长短”。

幼蒙庭训　以医为业

8 月的京城，槐花幽香。东四南箭厂胡同 9 号院里，6 岁的方和谦与 9 岁的哥哥方鸣谦一边玩耍一边捡拾槐花。槐树又名金药树、护房树，是北方的常见树木，槐花性味苦、微寒，是中药中泻热、凉血、止血良药。兄弟俩将槐花小心地放在笸箩里，拿到院中晾晒，兴奋地等待着父亲把这些清香的槐花炒至焦黑色，然后略喷清水，取出晾干，研成粉末，装进那些神秘的、散发出阵阵奇异香气的小药柜。

父亲方伯屏管教极严。兄弟俩每日除了在私塾读书学习之外，还要反复练习书法。天资聪颖的方和谦此时已能熟练诵读《陈情表》《兰亭序》等文章，还习得一笔有模有样的颜柳体。哥哥方鸣谦也已随着父亲似懂非懂地背起了《药性赋》《汤头歌诀》等医书。毕竟是童心未泯，稍有闲暇，他们便看父亲在家里研制花样繁多的丸散膏丹。每每看着大自然中生长的四时花草果实被父亲神秘地戳戳捣捣就变成或粉或丸的中药，又妙手回春地治好一个个前来应诊的病人，他俩就抑制不住心中的兴奋和好奇。

日复一日，读书、学习、听父亲讲医理、帮父亲的诊所打下手，在父亲神秘药柜的香气中，在一个个病患痊愈后对父亲“妙手神医”的称颂和感激声中，他们的童年与中医结下了不解之缘。

说起方伯屏的学医经历，还有一段医界广为流传的拜师佳话。方伯屏本名方金城，1891年生于山东掖县。幼年随父母在家务农，因家道中落，贫困无奈，与兄弟三人随姑丈流落京城。起初兄弟三人在京城有名的同和馆饭馆当学徒。时值晚清末世，在一场兵乱中，许多店铺被洗劫一空，同和馆也未能幸免。兵乱发生时，只有方金城一人留守店铺。兵乱过后，老板从外地赶回来，见店铺已是面目全非，料定店内银元已被乱兵全部劫空，万念俱灰中，打算关门歇业。而此时方金城平静地告诉老板，店里的银元都被他藏到了泔水桶里。老板兴奋至极，对眼前这个聪明伶俐、胆大心细，救自己于危难之中的小伙计无比感激。老板表示可以分店里的股份，也可以分一部分家产给他。方金城沉思良久，终于将想拜师学医的想法告诉了老板。

原来，末代皇帝溥仪的太医赵云卿和许多宫廷御医经常来这里用餐。当时，赵云卿还在景山东面的山老胡同开馆授业。年幼时便对中医有着浓厚兴趣的方金城，希望老板推荐自己去那里学医。

老板当即爽快地答应了，并通过熟人引荐，让方金城拜赵云卿为师。由于他勤奋好学，很受赵云卿的喜爱，特许为入门弟子。期间他还得到谈镜人（法明代医家周慎斋学派，得清代名医陈贞乙真传）老先生教导，尽得其真传。方金城刻苦学习，迅速成为班中的佼佼者并以优异成绩毕业。赵云卿对他青睐有加，遂正式收为弟子，赐名伯屏，并一直沿用。

3 年后的 1915 年，24 岁的方伯屏正式在东四南箭厂胡同 9 号开馆行医，边行医，边教学，从此开始了 30 余年的行医和教学生涯。方伯屏临证注重辨证，淡化派别划分，反对门户之见，重视医德修养。他经常诊治到深夜，且经常免收贫困患者的诊金。在尚不甚富裕的情况下，方伯屏自配“万灵百效膏”与“七味保婴散”向广大病患施送，因此颇得百姓赞誉。此外，他还将自己珍藏的明代周慎斋《医家秘奥》一书于 1930 年刊印发行，并为之作序，为研究和继承周慎斋学派的学术经验提供了宝贵的资料。

方伯屏专长中医内外科，在行医的同时，还在家开办中医讲习班传授中医经典，并先后执教于孔伯华任院长的北平国医学院、施今墨任院长的华北国医学院，担任四部经典的授课老师。方伯屏在中医界的名气越来越大，后被当时的《北京地名典》评为“十大名医”之一。

方伯屏酷爱藏书、读书，家里除收藏了大量医书外，经史典籍也颇多。他不仅医学理论精湛，国学基础也相当扎实。据方和谦回忆：“先父除了擅研明代周慎斋及薛立斋遗著，在医事中侧重温补学派外，尤通四书五经，以《易经》为最。”

方伯屏十分重视中医学和中国古典文化的融合与传承，对方和谦、方鸣谦兄弟俩进行了严格的国学教育。在中医家庭的熏陶下，兄弟俩从少年开始，就参加了父亲开办的中医讲习班，学习了《医学三字经》《药性赋》《汤头歌诀》《医学心悟》《黄帝内经》《伤寒论》《金匮要略》等医学专著，从不理解的背诵起步，到渐渐理解其中医理，在反复诵读学习中打下了深厚的中医理论基础。

从兄弟俩懂事起，只要有机会，父亲接诊、出诊时就把他们带在身边。而方伯屏也深谙教书育人之道，常常将中医学的很多知识用一种非常浪漫写意的方式表达出来，其构思之奇特，用词之精巧，往往使人惊叹不已。中医药理论的高深微妙，被父亲以形象的“人与自然的高度统一”加以阐释，更加增强了兄弟俩的求知欲望。幼年的方氏兄弟尽管对这些高深的理念颇感深奥，却甘之如饴，朦胧中被这些神奇而高深的理论所吸引。父亲让他们在懵懂中就开始接受中医精华的熏陶和浸润，也让他们亲眼看到中医普救苍生的神奇。

方和谦 15 岁那年，北京六里屯一位年逾六旬的白姓老人找到方家诊所。这位有糖尿病史的老人颈部患蜂窝组织炎，面积大，坏死组织不脱落，局部红肿疼痛难耐，经西医多方诊治无效。诊时见脖子上的疮口有拳头般大小，脓血淋漓。父亲仔细观察了那位老人的伤口，并详细切脉问诊，决定用《备急灸方》（宋）中的“骑竹马灸法”治疗。所谓“骑竹马灸法”，就是将病人架空骑在一根包裹着棉被的竹杠上，用点燃的艾绒灸穴位。

年少的方和谦看着病人骑在竹马上，豆大的汗珠一颗颗滚下，心悬了起来：偌大的疮口，这样能治好吗？当灸 10 壮左右，坏死组织脱落；内服托里补中生肌加清热解毒汤剂（大剂量金银花、连翘、生黄芪之类），疮口结痂痊愈。方和谦啧啧称奇。

时代更迭，西学东渐。在父亲的支持下，读完私塾的方和谦开始接受新学教育。初中毕业后，方和谦考入中央日本语学院日语系学习日语4年，其间读青年会英文学校初、中、高级班一年半，熟练掌握了英、日两门外语。

少年方和谦风华正茂，踌躇满志。自从接受了新学教育，频频接受新鲜事物的他，当时并未打算子承父业。

方伯屏的大名享誉京城，前来求医问病者络绎不绝。1932年，方伯屏租下灯市口大鹁鸽市4号一座三重的院子扩充医馆规模，以应时之需。1935年，方伯屏又从永顺通汽水公司手中买下了东四人民市场街一座占地面积千余平方米的大四合院，人称“方家大院”。由于方伯屏思想开明，对先进文明接受较快，也为了行医方便，方家成为全京城中最早安装电话和购买轿车的医家。

轿车在当时可算是稀罕物，方和谦对这台有趣的“可以奔跑的机器”充满了好奇，整天跟在哥哥屁股后面爱不释手地东摸摸西碰碰。

在那些曼妙的少年梦中，小方和谦梦想的是成为一名制造汽车的工程师……

三分人事七分天。1937 年 7 月 7 日，卢沟桥事变，日军入侵中国。京城百姓饱尝被日军奴役之苦，悬壶济世的方家也难以幸免。

大片国土的沦陷和被侵略者蹂躏的屈辱改变了小方和谦的理想。

知子莫若父，方和谦未来职业的选择在父亲心中已早有定数。面对动荡的世事，父亲立下家训："从医不从政，治病救人当先。"而此时的方和谦也逐渐认识到，继承父亲衣钵，治病救人，普济苍生，正是立志为国的最好方式。最终方和谦毅然选择了中医事业，并将其作为自己挚爱一生的职业。

在父亲的严厉家教下，方和谦开始广泛涉猎医学书籍，如《黄帝内经》《伤寒论》《金匮要略》《医学心悟》《证治汇补》《赤水玄珠》《医学汇海》《医钞类编》等，此外较为受益的非专业书籍为《古文观止》。每天随其父临诊 6 小时后，坚持读书 3 小时，从小养成的诵读习惯，为方和谦日后行医打下了坚实的理论基础。

初入杏林　矢志不移

“六月荷花香满湖，红衣绿扇映清波。”荷花塘前人头攒动，赏花者络绎不绝。

人群中，刚刚步入青年的方和谦在赏花时，看的不只是荷花“从来不着水，清净本因心”的怡情遣兴，而是“映日荷花别样红”的药用价值：荷花花瓣干燥后，性温味苦，有祛湿消暑、活血止血的功效；莲子，性平味甘、涩，有补脾益胃、益肾固精、健脾止泻的功效；莲心，性寒味苦，有清心安神的作用，用于治疗高血压效果很好；莲蓬性温，味苦、涩，具消炎、止血、调经祛湿的功效；荷叶，性平味苦，有解暑清热、升发清阳的功效。

中医素有“人体小宇宙，宇宙大人体”之认识。作为中医理论圭臬的《黄帝内经》，不仅将人体内脏看成是一个有机的整体，而且将人与宇宙自然界看成是一个相互感应、相互影响的大系统。其“五运六气说”认为气候的变化及人所处的地理环境对人体的健康和疾病有重大影响。《黄帝内经》提出的藏象学说、病因病机学说、诊断辨证学说等无一不是建立在以阴阳五行为代表的整体思维模式基础之上。人与自然界的高度统一，吸引并纠缠着青年方和谦以巨大的热情沉醉于博大精深的中医学之中。

“小荷才露尖尖角，早有蜻蜓立上头。”1942年，方和谦年逾19岁，在随父学医数年后，哥哥方鸣谦已取得正式行医资格。在兄长的启发下，方和谦也报名参加了当局的中医考试。面试答辩时，主考官杨淑澄老师向他提问：“中药为何能治病?”方和谦略作思考，张嘴便答，“天食人以五气，地食人以五味”，“夫五味入胃各归所喜攻，酸先入肝，苦先入心，甘先入脾，辛先入肺，咸先入肾，久而增气，物化之常也”，将《素问·六节藏象论》和《素问·至真要大论》的经文脱口背出，以说明药物的性味各有所偏，药物之所以能够治病，就是取用药物性味的偏胜，以纠正与调和人体脏腑不协调的状态。对其简捷精辟的回答，老师给了满分。笔试的题目是寒厥、热厥病的治疗，方和谦很快作出附子汤治疗寒厥，白虎汤治疗热厥的答案。这次考试虽排名第27位，但已显现出方和谦中医基础有扎实的功底。这次考试的对答，也在当时的医界一时传为美谈。年仅弱冠的方和谦被医学前辈寄予厚望。

19岁的方和谦取得执业资格后，开始正式独立行医。他在开馆应诊的同时，仍抽出时间在父亲的医馆潜心观察，用心学习，一面继续深化自己的理论基础，一面不断丰富自己的实践经验，逐步完善自己的行医理念。

另一个对他医学生涯具有深远影响的人是哥哥方鸣谦。方鸣谦充分继承父亲的学术思想，逐步形成“上病下取，下病上求”的辨证治疗思想，强调在严谨以求的情况下，对于症情要识其端委，得其虚实，然后再对症下药，自然能应诊获效。

方鸣谦医术高超，对于内、外、妇、儿各科疾病的辨治均有丰富经验；对治疗晚期肿瘤、胶原性疾病、崩漏、不孕症、原因不明的低热等多种疑难重症均有独到疗效。

在父亲和哥哥的影响下，方和谦对中医的认识逐渐成熟。他认为，中医学属于哲理医学的范畴，融合了人文科学、自然科学、社会科学的思想和内容。“医者，易也”，医学和易学关系密切，唐代医家孙思邈即有“不知易，不足以言大医”之说。近代名医恽铁樵亦有“《黄帝内经》之理论，即《易经》之理论”，“《易经》不明，《黄帝内经》总不了了”的感叹。

“医易同源”的思想，实际上是人类对自然和人体自身认识的不断深入，由此导致医学的进步和发展。古代各种哲学思想对“天、地、人”的看法必然反映在中医学中，遂逐渐形成中医学的理论。其中对中医理论影响至深的莫过于“道”的思想，所谓“道生阴阳”，“一阴一阳谓之道”。中医学受古代哲学影响，其观点集中体现在“天人相应”和“阴阳协调”的思想认识上，这恰恰也是影响和形成方和谦医学思想的基础。

在临证的治疗方法上，方和谦主要受其父亲的影响，注重应用补法。方伯屏师从太医院医官赵云卿，作为御医平日诊治的对象多为达官显贵，这些人养尊处优，淫逸享乐，戕贼元气，多患阴虚阳衰之证，须用补法对其进行调养。此外，当时的社会生活水平相对落后，老百姓衣食难济、营养不良，遂成为很长一段时间内绝大多数患者应诊的主要病因之一。

方和谦补法的应用，体现在扶正培本的治则中。他认为，扶正就是扶助正气、补益气血阴阳；培本就是培补脾肾，恢复脏腑功能，具有增强机体抗病能力，促进正常生理功能恢复的作用。明代医家张景岳曾经说过，“世未有正气复而邪不退者，亦未有正气竭而命不倾者”，可见治病之关键在于扶助正气。许多疾病，特别是危重症及内伤杂病后期，均影响到脾肾，治疗必须从培补脾肾入手，方能得效。扶正培本法还内含“防微杜渐，事先提防，以防疾病进一步发展”的治未病思想。所谓“无虚不受邪”，“邪之所凑，其气必虚”，“先安未受邪之地”，助其正气，固其根本，防止疾病转变。方和谦常用的“滋补汤”是他治疗虚证的代表方剂，其组方的核心就是培补先后天之本，调和阴阳气血，以治五脏虚衰之候。

“调补见长，善用补剂”也成为日后方和谦成为一代国医大师的主要成就和行医特点。

1948年，方伯屏因诊务和教学工作繁重，积劳成疾，不幸罹患肝硬化病故。方和谦心中时刻铭记着父亲生前的嘱咐："不谋其他职业，仍当业医工作。"

1949年10月1日，中华人民共和国成立。国家新生，百废待兴。然而，中医的发展与新中国成长的命运紧紧相连，也走过了艰难曲折的历程。

中华人民共和国成立初期，因多种原因，个体行医暂时取缔，方和谦医馆被迫关闭。方和谦成为无业人员，为了生存，他只得另谋职业，先是在私营的通瑞油庄做店员，之后在国营双桥砖厂当起了工人。

不难想象，一名生长于中医家庭，矢志不移地忠于中医事业的继承者，一名大有可为的优秀青年中医师，被迫放弃自己钟爱的中医事业，该是怎样的一种痛苦和无奈。青年方和谦在自己的中医事业蒸蒸日上之际，突然面对这种境遇，不啻是一种悲哀！

唯将终夜长开眼，报答平生未展眉。方和谦没有放弃，他耐心地等待着机会。工作之余，他一边埋头于医学理论的研究，一边帮助身边的人解除疾病的痛苦，日复一日。

命运总是眷顾那些有准备的人。方和谦是幸运的，命中注定他会与中医结下一生之缘，注定他的一生将要奉献给他所钟爱的中医事业。

双桥砖厂的厂长是一个爱才之人，他非常欣赏方和谦的医术和人品，对方和谦十分关爱。他对方和谦说："你干烧砖确实不在行，但是你太适合医生这个职业了，有机会还是去做你的医生吧。"

不久，厂长以单位选派进修的名义，把方和谦送到位于西四附近的一个进修班学习。这里是市政府举办的一个中医学习西医进修班，方和谦成为这里的第九班学员。当代名医干祖望、焦树德、路志正等均与他同期或先后在此班深入、系统地学习西医生理、病理基础课及传染病、内科、妇科、儿科的临床课程。从此，方和谦彻底摆脱了“个体行医”的背景，成为“为人民服务”的国家医务工作人员。

失之东隅，收之桑榆。险些与中医事业失之交臂的方和谦不仅重新回到医学探索的行列，而且还学到了系统的西医理论，进一步丰富了自己的医学知识，填补了学科空白，获得了西医执业资格，为他日后在综合医院工作和研究中西医结合工作打下了基础。方和谦曾开玩笑地说：“这次机遇，算得上是歪打正着、一举两得。”然而，我们不难看出，恰恰是他对医学事业的矢志不移，才使他“意外”地获得了这样宝贵的机会，将命运牢牢地抓在自己手中。

学宗伤寒　终成正果

唯有牡丹真国色，花开时节动京城。

1954 年，方和谦调入北京市卫生局中医科工作，成为一名国家正式的卫生工作者。方和谦常说：“1954 年，是我行医生涯的重要转折。”从此开始，一个更加成熟、全面的医者，以一种全新的姿态出现在中国医学界。

1954～1956 年间，方和谦在北京市卫生局中医科任科员，主管医务行政，包括医师资格的审批、参与北京市中医医院的组建、北京第七医院中医科及市级综合医院中医科的筹建工作。1956～1962 年，在北京中医医院工作，并兼任北京中医进修学校伤寒教研组组长。

此时的方和谦正值盛年，精力充沛。在积累了丰富临床经验的基础上，他的理论学习也逐步进入系统、全面、精深的阶段，开始向中医学的高峰发起冲击。

1965 年 7 月，42 岁的方和谦从北京中医医院调到北京朝阳医院工作，任中医科主任。以西医为主导的综合医院，中医科不受重视，但患者对中医的认可，使其拥有可观的门诊量及相对固定的患者群。较之中医医院，综合医院中医科不分科，内、外、妇、儿各科患者全有，方和谦很好地发挥其擅长治内科病，其他各科亦有所长的优势，有很高的门诊量。只要他出诊，每半日能接待 30 人次以上的病人。丰富的临床经验为方和谦的理论与实践相结合提供了广阔空间。

《伤寒论》对方和谦学术发展影响最大，是形成他学术思想和临证诊疗的重要基础。《黄帝内经》虽然奠定了中医学的理论基础，但成书在汉以前，有法而无方；汉以后，《伤寒论》和《金匮要略》理、法、方、药开始统为一体，创立了辨证论治的理论体系，故后世奉之为“经典”，视为“医门之准绳，治病之宗本”。因此，方和谦不同意将《伤寒论》和《金匮要略》仅作为各家学说的一家之言看待，认为它们是学习中医的必修课、基础课，应终生研读。他对《伤寒论》的 397 条论述 113 首方剂不仅熟读背诵，而且结合临床体会条分缕析，学以致用，在临床经验的基础上逐步形成了自己的学术观点。

方和谦认为，六经辨证是张仲景对外感病证治规律的总结，反映了人体在外感病阶段生理病理的一系列变化特点。他特别推崇柯韵伯在《伤寒来苏集》中阐明的“六经中各有伤寒，非伤寒中独有六经”的看法，认为要全面理解六经的证治特点，正确指导临床的辨治，从更高的层次和更广泛的方面来深入认识六经辨证。

六经辨证虽然总结了外感伤寒的辨证规律，但“非伤寒中独有六经”，六经辨证用于其他外感病的辨治亦同样有指导意义。方和谦认为，“温病学说”是在伤寒基础上发展了伤寒学说，在“温病学说”形成之前，多按六经辨证来治疗温病，而“温病学说”的形成，大大提高了中医对温病的认识和治疗水平。但其基础还在于张仲景的“六经”，只不过是“六经”之方药对温病来说局限性太大，而温病之治法方药则比伤寒更丰富，针对性更强。特别是北方外感病，风寒仍是重要致病因素，所以方和谦在治疗外感病时常师伤寒之法，而参合温病之方，即使是杂病或脏腑之病变，亦可以“六经”归类，只要出现“六经”证候，同样可以按六经辨治而取效。

方和谦对《伤寒论》的研究，是在理解张仲景学说基本原则的基础上，深刻挖掘其内涵，正确指导临床实践，不仅掌握其基本要领，而且有所发挥，充分掌握了张仲景学说的真谛。这集中反映在其对少阳病的认识上。

“少阳为枢”的论述，载于《素问·阴阳离合论》，是对人体经气出入于六经的高度概括。《伤寒论》以六经辨证为纲，对少阳病的认识从“少阳为枢”的生理特点出发，论述少阳病、脉、证、治、方诸方面。

一是对少阳病位的理解。如何理解“少阳为枢”，如何理解“半表半里”，从而如何正确认识少阳病位，这是方和谦多年学习和研究《伤寒论》的一个重要心得。他认为“少阳”含义甚广。就经脉而言，有手有足；就联系脏腑而言涉及胆和三焦，且胆附于肝，而三焦又可包括上焦心肺、中焦脾胃、下焦肝肾，故少阳三焦之病变可涉及五脏，临床上少阳病可引起许多复杂的病证。

二是少阳之病机变化。如何从“少阳为枢”理解其病机变化。“枢”为“枢纽”、“枢机”，乃经气升降出入之所。而邪正交争，亦为邪气出入病机转变之所。少阳之邪，外可出于太阳，内可深入阳明，枢机不利不仅影响脾胃，而且上及心肺，下至肝肾。故少阳病可由里及表，亦可由表及里，或处于半表半里状态。故从病势而言，少阳病具有升降出入转变之机。治疗得当则由里出表，失于治疗则由表入里，或邪正交争，则结于少阳胁下。故临床上少阳病变较多，且有诸多合病、并病和兼症。医者应抓住病在少阳，有转变出入之机而正确施治。尤其是现代社会由于体质及医疗条件的关系，典型的太阳伤寒、中风已经少见，多数病人就医时已见少阳病证，且各种杂病见于少阳者亦不少，这就形成了方和谦重视少阳病证的临床观点，认为应抓住“病在少阳有出入转变之机”而正确施治以达到祛邪扶正的目的。

三是少阳病之治疗原则。从“少阳为枢”这一特点出发，由于具有邪正交争，出入转变之机，而采用和解之法为其基本治则。方和谦对少阳病的治疗，一是考虑其病位，二是从邪正关系的理解，有了对“和解法”的全新认识，提出了“和为扶正，解为散邪”的精辟见解。因此，善用和解法形成了方和谦临证的一大学术特点。

方和谦认为，学习仲景学说，应重在从学术思想上领会，做到灵活施治，融会贯通，而不可执于一方一药，拘泥不变，切实做到“师其法而不泥其方”。比如和解法是《伤寒论》常用治法，其中有许多和解法之方，如小柴胡汤、黄连汤、四逆散等。方和谦在总结伤寒和解法的基础上，自拟“和肝汤”，广泛应用于肝脾不和、肝胃不和、冲任不和、气血不和等不同病证。

一、和肝汤的应用

“和肝汤”是方和谦积多年临床经验，师《伤寒论》小柴胡汤和解之法所拟，方剂由当归、白芍、白术、柴胡、茯苓、薄荷、生姜、甘草、党参、紫苏梗、香附、大枣 12 味药组成。全方具有养血柔肝，健脾益气，疏肝理气解郁的功效。和解之法，其中的“和”是增加之意，增强机体抵抗病邪的能力，是为扶正，在本方中是养血柔肝、健脾益气之代名词；“解”是解表、解散、解除之意，是为祛邪，在本方中代表疏肝理气、解郁之意。和解之法，绝不是简单的调和之法，而是扶正祛邪之法，因为“正”与“邪”之间是不能调和的。从本方的组成可看出方和谦的用心良苦，扶正以祛邪，强调了人体这个整体的作用和能力，整体强壮，抗邪能力就会增加，具体到本方所治之“肝郁脾虚”证而言，就是肝血充足，疏泄得畅，脾气健运，郁自何来？《金匮要略》中有这样的论述：“夫治未病者，见肝之病，知肝传脾，当先实脾。”和肝汤中所用党参、白术、大枣、甘草就源于此意，这也是整体思维的体现。

和肝汤的临床应用非常广泛，可用于多系统的疾病治疗，疗效非常显著。

高某，女，37岁，因转氨酶单项高而求治中医，症见疲倦乏力，食欲不振，右胁隐隐作痛，腹胀，大便黏滞不爽，小便黄，舌质红，苔黄腻，脉弦细滑。方和谦辨证属肝郁脾虚，湿热内蕴。拟方：和肝汤加青连翘12g，茵陈10g，白芷5g，炒谷芽15g，意在疏肝健脾，清热化湿。患者服用8剂后精神转佳，体力渐增，又继续服用16剂，1个月后，复查转氨酶已降至正常。本例患者病在肝胆，湿热内蕴，殃及脾胃受损、气机阻滞。肝胆脾胃同病，方和谦用和肝汤调理脾胃，加连翘、茵陈化湿清热；加白芷、炒谷芽和中调胃而痊愈。

何某，女，39岁，因胃胀，嗳气呃逆频作，食欲不振2～3个月求治中医。患者胃胀时牵扯两胁，情志不畅，睡眠不实，二便尚调。胃镜检查示：慢性浅表性胃炎。患者曾用吗丁啉等西药，自觉效果不理想，故欲用中药。方和谦辨证分析：患者舌质正常，舌苔薄白，脉弦缓，属肝胃气滞。拟方：和肝汤加焦神曲 6g，炒枳壳 10g，砂仁 6g，陈皮 5g，疏肝理气和胃。患者连服 14 剂，食欲渐增，胀气消失，情志舒畅。本例患者病在胃，其病机是肝郁气结所致，肝气犯胃，故拟和肝汤疏肝解郁健脾。加焦神曲、枳壳、砂仁以和胃，肝胃气和则胀消寐稳。

宋某，男，67 岁。冠心病史数载，经常感到胸闷憋气，喜长叹息，自觉胸背两胁时有窜痛之感，每因情志不遂时则窜痛加剧，经常服用“三硝”、“消心痛”、“速效救心丸”等药物，平素易烦躁，睡眠不佳，大便不畅。方和谦辨证：属肝郁气滞、胸膈不利。拟方：和肝汤加百合 12g，郁金 10g，宽胸理气。服 8 剂后，患者自觉胸部舒畅，心情愉快，“速效救心丸”等药物服用次数已由原来每天 3～4 次减至每周

2～3 次。本例患者，病在胸胁，胁为肝之分野，肝脉布之，病之本在肝失疏泄，气机不畅。故拟和肝汤疏肝以调畅气机；加百合安神定志以养心；加郁金增强行气之力，气畅则痛消。

和肝汤在临床还能治疗许多疾病，如乳腺增生、带状疱疹、肝囊肿、不明原因的低热、颈椎病、末梢神经炎、老年抑郁症等。这些病涉及多学科、多领域、多系统、多脏腑，但在辨证施治上，方和谦并未将主攻方向放在具体症状上，而是通过脏腑与脏腑之间的内在联系，脏腑与经络之间的内在联系来从整体中寻找病因病机。方和谦认为，病机相同，治则就应该一致，所以选用了具有养血柔肝、健脾益气、疏肝理气解郁功用的和肝汤为方剂主体，调治因肝的疏泄不利导致的多种病症。

从和肝汤的临床应用可以看出方和谦的整体思维观。其治法虽宗仲景之学，却真正做到“观其脉证，知犯何逆，随证治之”，是对和解法应用的发展，是中医“异病同治”理论的临床具体体现，可谓深得仲景学说之精髓。

二、滋补汤的应用

方和谦熟读经典，学宗“伤寒”，但他认为，临床病情复杂，内、外、妇、儿各有不同，随着时代的变迁，外在环境、致病因素、病人体质和病情表现均在变化。《伤寒论》提出了治疗原则，而具体到治疗方法，代有发展，应吸取各家之长，故对各家学说应博采众长，择善而从，以应对错综复杂的临床变化，来丰富自己的临床经验。如对内伤杂病的认识，他推崇李东垣的《脾胃论》，认为李东垣十分重视脾胃的升降气化功能在人体整个气化活动中的重要作用，清升浊降，唯以脾胃为枢；若升降异常之疾从调理脾胃着手，就能执简驭繁，其治心、肝、肺、肾有余不足，或补或泻，唯益脾胃之药为切。

方和谦尤其重视脾胃之阳气，着重脾胃的

生发，组方从升阳补气着手，灵活运用李东垣升阳益气、健脾养胃的方剂，如补中益气汤、升阳益胃汤、调中益气汤等。与大多数医家济急时常常加大黄芪用量不同，方和谦吸取李东垣用药力专而药量轻的特点，遣方用药配伍得当，丝丝入扣，补气不壅，升阳不燥，从调理气机升降入手，注意甘温与苦寒同用，甘温与甘寒互参，将李东垣升阳益胃的思想应用于临证实践中。因此，方和谦学《脾胃论》多有所获而验之临床，在升举清阳，补中培土的基础上审慎辨证，灵活掌握，应用补中益气汤化裁治疗多种疾病疗效显著，同时也再次体现了“异病同治”的学术思想。

患者宁某，女，31 岁，1996 年 4 月 6 日初诊。

初诊：患者因“急性粒细胞白血病伴高热”收住某医院血液科病房。入院后给予化疗药物，血红蛋白下降到 40g/L，血小板 10×10^9/L，机体抗病能力明显下降。西医考虑继发感染而发高热，腹泻，病情危急，故请中医协助诊疗。诊见：病人面色苍白无华，精神极差，卧床，面部虚浮状，语言低微，双下肢浮肿。发热40℃，口干但不欲饮水，身不冷，气短乏力，心悸，翻身则加重，恶心欲呕，腹泻不止，每日 7～10 次之多，无腹痛及里急后重，脉细无力，舌质淡白，无苔，少津液。中医辨证：元气大虚，气阴两伤，中焦衰微，无权运化。治以：益气养阴，补中止泻。药用：西洋参 15g（单煎兑入），麦冬 10g，五味子 10g，陈皮 10g，白茯苓 15g，炒白术 15g，柴胡 10g，炙甘草 10g，炒谷芽 15g，玉竹 15g，炒白扁豆 15g，砂仁 3g（后入），炒山药 15g，3 剂，水煎服，每日 1 剂。

二诊：药后腹泻减轻，精神有所好转，体温略下降到 38.6℃，仍觉手足心热，皮肤见散在出血点。考虑为热伤血络，前方加牡丹皮

10g，白薇 15g，3 剂，水煎服，每日 1 剂。

三诊：服药两剂腹泻又作，次数明显增多，不能控制，病情急转之下，危在旦夕。急请方和谦会诊，嘱上方去牡丹皮、白薇，易西洋参为红参 15g，加炙黄芪 30g，当归 10g，3 剂，水煎服，每日 1 剂。

四诊：药后泻止，体温降到 37.8℃，精神明显好转，原方不变，继服 3 剂，病情转危为安。

［按语］急性白血病是一种死亡率极高的危重疾病，往往在应用大量化疗药物后，病人抗病能力明显下降。西医多认为，如易致继发感染和高热，会使病情愈加危重。首诊时先投固摄元气、益气养阴、补中升提之剂。症情有所改善。由于注意到患者手足心热，皮肤出血点，误认为是热伤血络，加用较多量的白薇、牡丹皮，使腹泻复作不止。因气为血帅，血为气母，气脱血亦脱，有形之血难以速生，无形之气所

当急固。后去白薇、牡丹皮，易西洋参为红参，加炙黄芪、当归，病人转危为安。方和谦在分析病情时指出，患者较长时间大量应用化疗药物，损伤正气，元气大虚，以气脱为主，高热属气虚发热，腹泻为中气下陷。应首先考虑应用大量参芪以固元气，培补中焦，补气之中求止血，甘温之剂来除热方为上策。著名医家陆渊雷曾说："津伤而阳不亡者，其津自能再生，阳亡而津不伤者，其津亦无后继。是以良工治病，不患津之伤，而患阳之亡。"方和谦于临证之中细究明辨，认真分析，辨证准确，以得桴鼓之效。

随着方和谦中医学术思想的不断成熟，渐渐形成"燮理阴阳，以平为期"的生理观，"正气为本，扶正以祛邪"的治疗观，并提出了"和为扶正，解为散邪"的精辟见解。其创制的"滋补汤"即是"谨察阴阳所在而调之，以平为期"学术思想和扶正以祛邪的治疗观的具体体现。

方和谦在《金匮要略·血痹虚劳》篇补法九方的基础上，加以概括总结，自拟“滋补汤”作为补虚扶正的基本方剂。本方由四君子汤合四物汤化裁而来，在两方的基础上，减川芎，加肉桂、陈皮、木香、大枣四味，集脾肾气之补于一身，又具疏通之性，有阴阳双补，气血两滋之功。

方中用四君子汤之党参、茯苓、白术、炙甘草补脾益气，培后天之本；四物汤之当归、熟地、白芍滋阴补肾，养血和肝固先天之本。佐肉桂、陈皮、木香、大枣温补调气，纳气归元。全方既有四君、四物之脾肾两助气血双补之功，又有温纳疏利之力，使全方补而不滞，滋而不腻，补气养血，调和阴阳，养心健脾，柔肝和胃，益肺补肾，面面俱到，既以顾护先后天之本为先，更以调补中州为主。所用之药看似平常，实则配伍严谨、立法有度，其专为虚证而设，不管临床表现如何，但见气血不足，五脏虚损之候，即可灵活加减应用，恢复脏腑功能、改善临床症状。

患者修某，女，43 岁。2003 年 3 月 17 日初诊，患抑郁症 10 年，曾服用“百忧解”、“黛立新”等西药，无效。睡眠差，头晃动，手颤，颈项拘紧，偶有心慌，心悸，苔薄白，脉弦缓平。方和谦辨证：内风证，属肝肾不足，血不荣筋。拟方：滋补汤化裁，党参 12g，茯苓 12g，白术 10g，炙甘草 6g，熟地黄 15g，白芍 10g，当归 10g，肉桂 3g，木香 5g，大枣四枚，枸杞子 10g，麦冬 10g，炒枣仁 12g，丝瓜络 10g，五味子 5g，焦神曲 6g。12 剂，水煎服，每日 1 剂，服 6 天停 1 天。

2003 年 4 月 1 日，用药两周后，患者感觉药后舒畅，颈项强、拘紧感减轻，舌苔白，脉弦缓平。方和谦继续守方治疗，减枸杞子、麦冬、炒枣仁、丝瓜络、五味子、焦神曲，加百合 12g，白薇 12g，竹茹 10g。12 剂，水煎服，每日 1 剂，服 6 天停 1 天。

两周后，患者一般情况良好，精神状态好，头晃明显减轻，四肢抖动改善仍不理想，舌洁，脉缓。方和谦又在上方中加木瓜 10g。12 剂，水煎服，每日 1 剂，服 6 天停 1 天。诸症明显好转后停药。

此病人表现属于中医学中“颤振”、“振掉”、“内风”病证的范畴。《素问·至真要大论》云：“诸风掉眩，皆属于肝。”其中的“掉”，即指颤振、振掉，属于内风证，与肝有关。肝藏血，肝血不足，不能濡养筋脉，则见振掉。《证治准绳·杂病》谓：“颤，摇也；振，动也。筋脉约束不住而莫能任持，风之象也。”并指出“壮年少见，中年之后始有之，老年尤多”。患者 43 岁为中年之身，且患抑郁症 10 年，长期服用西药，病久则正气亏损，气血不足，病位涉及心、肝、肾，为肝肾不足，虚风内动，心失所养而致。因而方和谦用滋补汤补益气血，养血息风，加用枸杞子、百合、炒枣仁、五味子养心安神；用麦冬、白薇滋阴清热；用丝瓜络、宣木瓜活络通经，共奏益气养心、和肝息风之效。

此则病例中，方和谦从诸多症状中抓住了血虚、筋脉失养之关键，用培中养荣、滋阴和肝改善其气虚、血不荣筋的病理机制，使患者多年痼疾明显减轻，此法合宜。

三、中风病的临证

方和谦在以西医为主的综合性医院的中医科工作，什么病都要看。从事中医内科临床工作60余年，他积累了丰富的诊疗经验，尤其擅长中风、咳嗽、心悸、眩晕、发热等内科杂病，在长期的临证实践中，逐渐形成自己独特的临证思辨特点与诊疗规律。

他认为，中风以“风”字立名，实寓“风性多变”、病起卒暴之意。张仲景在《伤寒论》

和《金匮要略》中，一直沿用了“中风”这一病名。唐宋以后，在医治和病名讨论中，产生了很多不同的论点，如元代王履有“真中”和“类中”的学说。

中风病的病因病机，历代各家抒见不一，唐宋以前多以“内虚邪中”立论，主张外风致病。至后河间主火，又东垣主气，丹溪主痰湿生热。到了明代张景岳又提议“非风论”。清代王清任专以气虚血瘀立论。有叶天士、张山雷专主以内风立论。方和谦认为，上述各家对风、火、痰、湿、虚、瘀血等致病因素都分别作了探讨，使中风的病因学得到了全面、充分的发展。

在充分吸收前人理论的基础上，方和谦十分注重对中风病的诊断。问诊时，首问中风发作时间以明病期，再问有无神志改变以辨明中脏中腑、闭证脱证，详问有无肢体麻木及活动障碍、有无饮水发呛、大便是否通畅、语言是否流利等病情，细观面色舌脉，以查病位、病性、病势顺逆，并问既往有无高血压病、冠心病、糖尿病等病史以了解中风所及脏腑的范围。

他对于中风急性期的辨证思路是：中风急性期为发病后 4 周以内，此期病情呈发展趋势，易出现变化或加重。病机多以痰热腑实、肝风上扰为患，以标实为主要表现。强调急性期要首辨邪之在经在腑，中脏腑者当分辨“闭”“脱”之证候。

患者李某，女，65 岁。2004 年 7 月 20 日初诊。患者两周前突发语言不利，西医诊断为：再发脑梗死。经西医治疗有所好转。来中医科就诊时，患者症见语言不利，左上肢、右下肢运动不利，喝水发呛，大便 5 日未行。方和谦察其舌脉：舌质淡红，苔薄腻，脉象沉弦。诊其为：中风，中经络（脑梗死）属风痰阻络证。消渴证（糖尿病）。

方和谦分析，患者年老体弱，多种疾病缠

身，气血虚弱，脉络空虚，内风挟痰横窜脉络而发半身不遂、语言不利。痰阻中焦，传导功能失司，腑气不通而便秘。治法，应以通络化痰为先。

处方：天麻 10g，陈皮 10g，石斛 10g，竹茹 10g，钩藤 12g，莲子心 5g，石菖蒲 6g，僵蚕 3g，薄荷 5g（后下），桑枝 15g，麦冬 10g，丝瓜络 6g，火麻仁 10g。水煎服，每日 1 剂，6 剂。

1 周后，患者复诊：语言不利，左上肢、右下肢运动不利，饮食发呛，大便难。舌质淡红，苔薄腻，脉沉弦。方和谦认为，前方有效，效不更方，继续通络化痰。前方加生薏苡仁 15g。10 剂。

患者服药 11 天后，语言不利及左上肢、右下肢运动不利好转，饮食不呛，大便难。舌质淡红，苔薄腻，脉沉弦。前方有效，效不更方，方和谦继续前方 15 剂。每日 1 剂，服 3 天停

1天。

20天后，患者病情大为好转。

在这个病例中，方和谦认为，病已成而后治之，非一朝一夕所能奏效，只要坚持治疗，养正祛邪，患者康复时日已待。他针对病因病机，选药组方，方中天麻、钩藤、僵蚕平肝息风止痉；石菖蒲、陈皮化湿祛痰；石斛、麦冬养阴；桑枝、瓜络、生薏苡仁通络利关节；莲子心、竹茹清心化痰除烦；火麻仁润肠通便。诸药配合，化痰通络，使患肢功能有所恢复。

对于中风恢复期的辨证思路，方和谦认为，发病后1～6个月为恢复期，该阶段实邪未清，正虚已现。痰邪瘀血内阻，耗伤气血，脉络失荣，机体失养，法当益气活血化痰，疏通经络。恢复期的重点在于认真巩固急性期的治疗效果，采取各种有力措施，促进神志或语言的恢复，促进肢体功能的恢复，鼓励患者战胜疾病重返社会的信心。他认为，此期患者的治疗原则应为“扶正以祛邪”。因痰、瘀等病理因素贯穿中风病程始终，邪不去则正不复，但祛邪不扶正，会耗伤正气，不利于病变的康复，故扶正祛邪同用。

关于中风病的预后，他指出：“脱证较重，见‘五绝’候者，证多难医，预后较差。迨急期缓和，神识渐清，视其瘫痪的轻重程度，选针择药，须抓紧投治，以促其恢复之机，投治愈早，贻患愈轻，若迁延岁月，数月至经年以上，则多成后遗症，终身不愈。”

对于防治中风病，方和谦认为，首要应从预防着手，因为本患早期发病时多有征兆，如能见微知著，则防胜于治。前人有“年老但觉手指麻木，三年之内必有风疾”之说。诸如眩晕、震颤、颠仆、耳鸣、语謇、呛逆、尿失禁等症状的出现均为中风先兆。故应及早结合病情，防微杜渐，临证应用药饵防治此疾是十分重要的。具体临证的治疗思路，方和谦是按急性期、恢复期、后遗症期分期治之，抓住各期不同的病理特点，针对性地辨证施治以提高疗效。

四、心悸的辨证思路

心悸的病机有虚有实，或虚实夹杂。《黄帝内经》对此病有描述，如“心中淡淡大动”，“心惕惕如人将捕之”，“心如悬若饥状”。汉代张仲景提出心下悸、心动悸的病名，认为病因有惊恐、水饮、虚损和汗后受邪。元代朱丹溪提出心悸当“责之虚与痰”的理论，明代张景岳则认为心悸为阴虚劳损而致。清代王清任《医林改错》论述了“瘀血”所致的心悸，总之，以虚证为多。

方和谦认为，心悸只是一个临床症状，很多疾病都可以出现心悸。如西医的冠心病、高血压性心脏病、心力衰竭、病毒性心肌炎、甲状腺功能亢进、贫血、植物神经功能紊乱等。所以，心悸虽然病位在心，实际上与其他相关脏腑功能失调有着密切关系。病因与气血不足和气机失调最为相关，故在治疗上，他以调和肝气及补益脾肾为常法治疗，有其独到之处。

方和谦诊断心悸掌握的要点，主要是询问心悸发作诱因、时间长短及频率，心悸伴随症状，有无胸闷气短，饮食、二便及睡眠情况。望患者的精神状态、神志、面色、形体的胖瘦、舌苔的变化以辨别病性、病位；询问既往有无高血压病、冠心病、甲状腺功能亢进等病史。对于女患者要询问月经情况、是否已绝经。对此病诊脉，方和谦要详辨数、结、代、沉、迟的变化，以明病情轻重和病势顺逆。有时他也用听诊器听患者心律及有无心脏瓣膜杂音，以了解心悸的性质。

对于治疗心悸，方和谦提出了两条思路：一是调肝理气治心悸；二是补益脾肾治心悸。

调肝理气治心悸的辨证思路是：《灵枢·经别》谓："足少阳之正，绕髀入毛际，合于厥阴，别走入季胁之间，循胸里属胆，散之上肝贯心。”说明肝与心在经络上有着密切的联系。《素问·阴阳应象大论》云：“肝生筋，筋生心。”阐明了肝与心的相生关系。肝为风木之脏，为心之母。心为五脏之君，为肝之子。心主血脉，肝主藏血，二者生理上相互联系，功能上也相互协调。王冰曰：“肝藏血，心行之，动则血运行于诸经，人静则血归于肝。肝主血海故也。”在情志活动方面，心主神志，所谓“心者，君主之官，神明出焉”；肝主疏泄，所谓“肝者，将军之官，谋虑出焉”。人的精神意识和思维活动主宰于心，又通过肝的疏泄功能条达气机，和畅气血，来调节人体的高级神经活动。在病理上，心肝有病相互影响，母病可以及子，母虚则子亦虚，子病亦可及母，子乱则母亦乱。《素问·灵兰秘典论》谓：“肝者，将军之官，谋虑出焉。”若情志不遂，肝失调达，气机阻滞，则致气郁、气滞。而心血的运行，赖气的推动、气的温煦。气行不利，血行不畅，故而出现心悸。正如唐容川在《血证论》中所说："肝属木，木气冲和调达，不致遏郁，则血脉得畅。"方和谦正是基于心肝两脏生理病理上的密切关系，用调肝理气法治疗心悸。

处方用药上，方和谦常用和肝汤、逍遥散加减。若兼见痰湿阻滞者，则多加入瓜蒌、竹茹、焦神曲；血瘀明显，加丹参、石菖蒲；气郁较重加紫苏梗、香附；若病久及肾，肝肾两亏，加枸杞子、石斛等，以达到疏肝理气、益气养心的作用。

周某，男，33岁，2004年3月23日初诊。

患者主诉心慌、心悸3个月。既往有高血压病史。3个月前无明显诱因突发心慌，到鼓楼中医院就诊。心电图示：左室肥厚劳损，心脏彩超确诊为扩张型心肌病。予服倍他乐克等西药未见明显好转。现动则心悸气短，多汗乏力，胸闷。舌体胖，舌红苔白。脉虚弦大。血压 135/90mmHg。中医诊断：心悸，肝郁脾虚证。方和谦以黑逍遥散加减，处方：当归 10g，白芍 10g，北柴胡 5g，太子参 15g，茯苓 12g，白术 10g，炙甘草 6g，陈皮 10g，半夏曲 6g，炒谷芽 15g，薄荷 5g（后下），干姜 2g，熟地黄 12g，大枣 4 个。12 剂。并嘱其避风寒，忌劳累。二诊时，患者自觉药后胸闷减轻，偶发早搏。方和谦认为治疗初见效果，继予前方加黄精 10g。12 剂。三诊时，患者诉心悸、胸闷明显缓解，精神好。方和谦嘱上方再加麦冬 5g。15 剂。1 个月后患者来告，已无明显不适，能正常上班。

补益脾肾治心悸的辨证思路是：《素问·经脉别论》云："食气入胃，浊气归心，淫精于脉。"《灵枢·营卫生会》指出："人受气于谷，谷入于胃，以传于肺，五脏六腑，皆以受气，其清者为营，浊者为卫，营在脉中，卫在脉外。"《灵枢·决气》云："中焦受气取汁，变化而赤，是谓血。”为此，方和谦指出：心主血，脾统血。脉中气血之盈亏，实由脾之盛衰来决定。在正常情况下，胃纳脾运，心血充盈，在宗气的推动下运行全身。若脾胃功能失司，化源不足，心失所养，从而出现心悸怔忡。

肾为水火之宅，阴阳之根，寓元阴元阳。五脏六腑之阴阳均有赖肾阴、肾阳的资助和生发。心为火脏，居于上而属阳，以降为顺。肾为水脏，居于下而属阴，以升为和。若心肾不交，水火不济，可造成心悸。另外，肾精的盛衰又要依靠后天脾胃之气的不断补充。若脾胃已亏，生化无源，日久必可及肾。肾精亏虚，则心血不充，心脉失养。肾阳不足，心阳亦弱，鼓动无力，均可发心悸。他根据心、脾、肾三脏生理病理的相互关系，从培补先后天之根本治疗心悸，获得良效。在遣方用药上，他应用自拟方滋补汤加减治疗心悸，取得了非常显著的临床疗效。滋补汤取四君子汤合四物汤去川芎，加肉桂、陈皮、木香、大枣，全方具有益气养血、养心安神、健脾和中之功。脾胃不足，加生炙黄芪、黄精、炒谷芽益气健胃。脾肾阴虚，加枸杞子、麦冬、玉竹滋阴补肾。脾肾阳虚，加附子、干姜、细辛、巴戟天等温阳益肾。如出现心力衰竭征象的则予红参回阳救逆。以此达到交通心肾，益气培元的作用。

五、咳嗽的辨证思路

咳嗽一证，有外感内伤之别，又有寒热虚实之异，《黄帝内经》云："五脏六腑皆令人咳，非独肺也。"咳嗽也是多种疾病出现的症状之一。方和谦治疗咳嗽，无论内外寒热虚实，若以咳嗽症状为主者，总以调和肺气为法，强调肺宜宣降，灵活运用宣肃二法，调畅肺气则咳嗽自止。

宣肺法是用具有辛散宣发、开泄肺气的药物，宣发肺气，促使卫气充肤温肉以卫其外，熏肤泽毛以散其邪，如麻黄、荆芥、紫苏叶、桑叶、牛蒡子、桔梗之类。多用于表邪郁闭之肺卫不宣之证。肃肺法是用具有清肃下降肺气作用的药物，促使肺中津气下行而行肃降之权，或取降泄下行以祛痰下气，调畅气机升降之枢。如桑白皮、紫苏子、莱菔子、葶苈子、枇杷叶、杏仁、厚朴之类，多用于肺失清肃，气逆于上之证。

方和谦的辨证思路是：宣肺与肃肺之法各有不同的功能和适用范围。若初病风邪束肺，卫气被遏，肺气不宣，则忌过早施用肃肺降泄之法，投之反致恋邪，或引邪入里。若病久咳，肺失清肃，或痰浊内阻，肺气壅塞，清肃之令不行，又忌单纯宣肺，投之则气逆，痰浊不降，反耗伤肺气。宣肺、肃肺是针对两种不同病机而运用，二者又是相辅相成的。宣能促降，降能助宣，宣肃相济，则上通下达，肺气得畅。

在用药方面，方和谦提出宜顺其肺气宣降之性，而采用辛开苦降之品，首选苏、杏、前、桔。紫苏辛、温，发表散寒，行气宽中。杏仁苦、微温，苦泄降气，止咳平喘，润肠通便。前胡辛、苦，降气祛痰，宣散风热。桔梗苦、辛、平，开宣肺气，祛痰，排脓。苏、杏、前、桔同为辛苦之品，苏桔相配，偏于宣开。杏前相伍，重于下气。亦宣亦降，使气道通利，肺气宣畅则咳嗽自止。

根据以上的认识，方和谦常用的代表方剂为“止嗽散”，宣肃配合，治疗“诸般咳嗽”。止嗽散出自《医学心悟·咳嗽》。他说：本方由7味药物组成，一组为敛：炙紫菀、白前、百部；炙紫菀苦甘微温，归肺经，有收敛止咳的作用，他特别强调此敛肺非罂粟之作用，而有化痰抗炎，减少气道分泌物，祛除炎症的作用。白前辛甘平，归肺经，祛痰，降气止咳，寒证、热证都可用之。百部甘苦平，归肺经，润肺收敛止咳。一组为宣：陈皮、荆芥、桔梗。陈皮辛苦温，归脾肺经，理气、调中、燥湿，化痰调理气机，宣发止咳；荆芥辛微温，归肺肝经，祛风解表，止血，因肺外合皮毛，开窍于鼻，解表汗散也起到了宣发止咳的作用；桔梗苦辛平，归肺经，开宣肺气，祛痰排脓；炙甘草调和诸药。本方有宣有敛，宣敛结合，表里兼顾，治诸般咳嗽，如经服解表宣肺药后咳久不愈者，或内伤咳嗽如肺结核、老年慢性支气管炎等都应视具体情况化裁用之。

六、临证对古方的应用

方和谦临证，辨证论治，随证治之，每获良效。通过临床，他认为，囿于经方一隅，不能解决所有外感热病，必须结合温病辨证与时方合用，才能取得疗效。以治流行性乙型脑炎为例，仅以六经辨证，受到阳明经证的局限，何况邪气有异，临床有暑热及湿热的不同证型。外感热病，表现复杂，其证候不是六经辨证所能涵盖，也不是单用经方所能解决。温病学说羽翼伤寒，由伤寒发展而来，其中也沿用了一些伤寒的方剂。因此，伤寒和温病是外感热病的两大类型，彼此既有所区别，又有所联系，各有特点，其理论核心都是要落实到脏腑经络之上。因此，方和谦倡导六经、三焦、卫气营血辨证密切结合，根据具体病情，灵活掌握，经方时方统一运用的观点，是临床取得疗效的基础。

张某，男，73 岁，初秋突发高热伴腹泻，日泻 10 余次，服中西药罔效，病情危重，求诊于方和谦。见其精神恍惚，烦躁气促，身炽热有汗，泻下褐色水液而恶臭，腹痛不著，纳呆不吐，尿少色深，舌质红，苔黄腻，脉弦滑数。方和谦按太阳阳明合病，协热下利之表里证论治，投以葛根芩连汤治之，1 剂泻止热退，3 剂而病瘥。

高某，男，59 岁，发热 10 天，用西药退热后，半月来不饮不食，昏睡不语，时长出气，10 天无大便，舌苔白厚腻，脉沉弱难寻，他医无良法，请方和谦会诊。方和谦辨证为邪热内陷，痰热郁结，气机闭塞，而予小陷胸汤原方加玄明粉 6g，病人服后安睡不出长气。次日晨起，患者诉饥饿索食物，给予食之。服 2 剂得畅便，精神转好，再进 2 剂，神态自如，其病若失。

方和谦对古方学以致用，结合临床实践不断发展，如从《金匮要略》“竹皮大丸”方中取竹茹、白薇二味加入酸枣仁汤方中，治疗阴虚脏躁的失眠症而有良效；又如，运用“阳和汤”化裁治疗淋巴结核；用“仙方活命饮”的托补作用治疗脉管炎，使患者免受截肢之苦。以此显示了方和谦选方用药的机动灵活和独到之处，也为促进方剂学的发展作出了有益的探索。

七、突发传染病救治的启迪

在方和谦 60 余年的行医生涯中，有两次传染病的救治经历，对他的行医历程起到了引领、教育、受益的重要作用。

第一次发生在 1955 年 8～9 月上旬。当时流行性乙型脑炎在全国爆发，传播很严重，连续 2～3 年方得遏制。1956 年，北京发病者约 1000 例左右，北京地坛医院收治约 200 例，以后佑安医院、各大综合医院的儿科和儿童医院均收满流行性乙型脑炎患者。

在那段日子里，方和谦深入基层，直接参加到佑安医院的流行性乙型脑炎的抢救治疗中，自始至终战斗在第一线。从病季节上讲，每年 8～9 月上旬，是流行性热病容易发生的季节，此时温度高、湿度大，给致病原提供了滋生条件。流行性乙型脑炎传染性强，发病急骤，病情重笃，死亡率高，这是大家公认的。中医学说“五疫之至，皆相染易，无问大小，病状相似”，“人感乖戾之气而生病，则病气转相染易，乃至灭门”。这些论述，记载了古人对烈性传染性疾病的认识。

当时各家医院都面临着紧张的局面，尚未

有比较成熟有效的治疗方案。北京市卫生局遂倡导用中医中药防治此病。1955 年，治疗散发的流行性乙型脑炎时，石家庄的中医治疗经验是用“白虎汤”作为基础方加减治疗，取得了很好的疗效。而到 1956 年，在遵照此方化裁治疗时，竟毫无效果，原因何在？为此，卫生局专门请著名老中医蒲辅周进行学术讲座，蒲老长于运气学说，认为“必先岁气，勿伐天和”。1956 年是湿邪当先，湿重于热，患者病情与 1955 年有异。1955 年是燥火当令，阳明内热，患者的症状见高热惊厥、谵妄、舌苔黄厚，此时用白虎汤加减治疗恰当对证，故有效。而 1956 年，当年雨水多，湿气重，病人虽也为高热惊厥，发热不退，但观察舌脉，舌苔薄腻湿润，脉象濡缓，是湿热为病，应改用芳香化浊，透表散邪，用藿香正气散一类方药治疗。因为当年是暑热挟湿，湿盛重于暑热，清热太过必致湿邪黏滞不解，并阐述了伤寒与温病的关系。

方和谦听后受益匪浅。

这次群体性流行性乙型脑炎治疗的诊治经过，给方和谦留下了深刻的印象。他体会到，中医诊病的疗效是靠正确的辨证论治。蒲辅周老医师的点拨，促使他重温《温病条辨》《温热经纬》，加深了对风寒暑湿燥火之六淫致病特点的认识，体会到湿温为病，应慎用石膏清热，暑必挟湿。《温热经纬》云："湿热为病，当需两解之，湿热在里应化湿清热两解，湿热在表则芳化之。"故对发热的治疗，辨证准确是其关键，不能一见高热就投寒凉药，造成误治的后果。

1957年，方和谦主编《北京市1956年流行性乙型脑炎治疗总结》手册，书中收集了200多例验案，由卫生局印发200册，下发到各医院。他撰写的《参加流行性乙型脑炎工作的点滴体会》一文作为晋升主任医师的评审论文，关幼波、赵炳南二位专家对该文进行了充分的肯定，论文评语为："对乙脑的中医治疗，自 1955 年石家庄经验被介绍以后，各地应用较多，类似报道亦较多，唯本文在中医分型上，除偏湿偏热的不同以外，又提出'表邪郁闭'这一类型，在治疗上采用透表为主，而获得较好疗效。在辨证上，强调温病的卫、气、营、血，三焦辨证和伤寒的六经辨证密切结合，不能偏废。以上两点有独特见解。"这次在乙脑事件中所获的经验，对方和谦以后治疗传染病是有益的借鉴。

第二次是在 2003 年传染性非典型肺炎爆发流行时，80 高龄的方和谦主动报名应征，要求到抗击非典型肺炎的第一线工作，希望对传染性非典型肺炎的治疗有所贡献。他说："作为中医工作者，在任何情况下，都要当仁不让，在卫生战线上，在治疗急危重难的疾病中，争取一席之地是很光荣的；在关乎百姓生命攸关的重大战役中，中医中药应有所发挥。"虽然最终由于年高体迈，领导爱护，方和谦未能进入一线工作，但是他对后学给予了及时正确的指导，指出传染性非典型肺炎发病不同阶段有夹寒夹湿的区别，仍应强调辨证论治。

八、中西医结合的认识

方和谦倡导中西医结合，优势互补。他认为，不能把中医和西医学术对立起来。中医学术、西医学术都需要古为今用，精益求精。二者可以相互补充，但绝不是相互凑合。作为一名现代中医，可以利用现代医学诊查手段，配合四诊合参，有利于中医诊断，以发挥中医治病求本，经验实践与理论相互结合的作用。但不能唯检查论，丢弃辨证论治。

在西医医院，许多危重病人治疗无效，常请方和谦参与会诊，在同西医同道的会诊中，他抱着边治边学的态度，也学到了许多新知识。

他曾经与翁心植院士多次共同会诊，见到系统性红斑狼疮病的肺浸润，高热不退的类风湿病肝浸润，肝豆状核变性脑病等疑难病，二人相互切磋，最终救患者于危难之中。

多年来，方和谦在综合医院工作，门诊和会诊诊治了许多疑难病例，他从不墨守成规，故步自封，不断汲取西医有益的经验，临证亦采用先进的诊疗手段帮助诊断。他认为，社会的发展和疾病谱的变化促进了医学学科的发展，他在青年时期虽然学习过西医，但在综合医院工作，耳濡目染，医疗实践要求自己的知识不断更新，要活到老学到老。中医、西医要有同等的地位，中医医疗、科研、教学的思路都离不开现代医学的辅助佐证。因此与西医合作，要相互取长补短，业务水平才能不断提高。

方和谦应诊注重中医的“证”，辨证施治，但绝不排斥西医的“病”，结合西医诊断，取长补短，相得益彰。“证”和“病”是中医和西医两个不同医疗体系对疾病过程的认识。辨证与辨病相结合，并不是按照西医的诊断应用中药，而是立足于中医的理论，运用中医整体观念和辨证论治的思维方法，吸收现代医学对病因、病理的认识和科学的现代检测手段，以认识疾病、观察疾病的进退和疗效。他一再教导学生们，一定要把疾病全过程的统一性和各阶段证的特殊性结合起来，既考虑到病的各阶段证的变化，又不能忽视疾病的本质。

方和谦的弟子，第三批全国老中医药专家学术经验继承人、副主任医师权红，曾经这样说："方老师认为，继承发扬中医学的目的是古为今用；学习现代医学知识是洋为中用，不能形成两个相互抵触的堡垒，相互攻击。方老师运用起西医查体及检查手段来驾轻就熟。作为一个全国知名的老中医，他对新的检查方法，欣喜并谦虚下问，总能很快地运用自如。方老师在四诊合参的基础上，遇有疑问，必建议患者进一步做西医的影像检查，往往有很高的确诊率。利用现代科学工具，采用各种现代化检测手段明确诊断，再发挥中医治病求本，实践经验与理论相结合的优势，实为人类战胜疾病的有力武器。”

方和谦经常对学生们说：“在处理好中西医关系的同时，我们中医自身也还有许多亟待解决和完善的地方。例如目前对于单病种的研究，我认为应该加强‘同病异治’，病治结合，但也不要忽略‘异病同治’相应的指导。另外，中医病例书写格式还需进一步探讨。繁琐复杂，机械填表式的病历，往往起不到病历的作用。中医病历要切合实际，以实用为主，反映出辨证论治、辨病论治的思维路径，具体模式还必须在实践中不断探索。”

守旧容易创新难。方和谦提出，21 世纪中医学的发展，不能墨守成规，既要继承传统中医学的经典和精髓，又要与时俱进，大力弘扬和发展符合时代特色的中医学。他在深刻领会仲景学说的基础上，融会贯通，灵活应用，师其法而不泥其方，对经方学以致用、有所创新。“和为扶正，解为散邪”的精辟见解，是他学术思想的集中体现，也是对中医学的继承与创新。正是这种来源于刻苦钻研与广泛实际相结合的创新思想，与“调补见长，善用补剂”的临床特色，最终成就方和谦成为一代国医大师。

大医精诚　润物无声

春光明媚，北京朝阳医院的特需门诊里，方和谦正在与带教的青年医师探讨天然植物的药用问题，不时引用古典医籍中的原文，如数家珍，脱口而出。如果不是亲眼所见，难以相信眼前这位精神矍铄、思路清晰的国医大师竟然已有86岁高龄。

在北京中医界，提起北京朝阳医院，人们会不约而同地提到方和谦的大名。他在患者的心中是著名老专家、好医生，在科室同事的心中是好领导、好前辈、好老师。他在北京及全国的名望，来自于渊博的学识、高超的医技与谦和的人品。

这位德高望重的名医师一直以“医疗战线上的一名小兵”自居，一句“老牛已知夕阳晚，不待扬鞭自奋蹄”，让人对他孜孜不倦、勤于治学的奋斗精神敬佩不已。

方和谦的成名主要是有很好的临床疗效，每日门诊慕名前来求治的患者络绎不绝。他认为，医生成功的途径是临床实践，方法是“勤于临证，潜心钻研”。他珍惜出诊时间，定好的出诊时间从不轻易改动，即使在“十一”、春节长假期间也不停诊，为的是不失信于病人。2006年，年已83岁的方和谦每周仍出6个半天的门诊，每次要接待30名左右的病人，其精神令年轻人叹服不已。为减轻病人经济负担，他主动将特需门诊的200元挂号费降至100元。

方和谦担任中医科的主任20余年，为科室的建设倾尽心血。作为科室带头人，他一贯以身作则，为人师表。对待病人，不分尊卑贫富，一视同仁，无论病情轻重，均认真对待。诊治有情志疾病的患者时，不仅辨证处方，并且耐心开导。在收到寻医问药信件时，均一一解答函复。

为提高科室业务水平，培养人才，他多次向中医管理局及院领导呼吁申请建立中医病房，并四处筹集资金。在医院床位紧张的情况下，1986年，中医科率先在首都医科大学附属综合医院建立了中医病房。成立初期虽然仅有8张病床，方和谦却十分珍惜这块中医发展的基地，按时查房，遇有危重病人，不分昼夜，研究治疗方案。在他的领导下，中医病房发挥中医药的诊疗优势，初期在诊治痹证及肾病方面积累了丰富的经验，为创“三甲”医院作出了积极贡献。在他的影响下，20年来，医院几经变革，中医科病房克服重重困难、不断发展，现已拥有以中西医结合诊治脑血管病为特色的20张床位的病房。

在方和谦的领导下，科室建设发展较快，

门诊量居全院前茅，拥有 14 台专家门诊、4 台专病门诊，20 张床位的病房，形成了专业特色突出，科研成绩显著，人才梯队合理，团结和谐，不断进取的科室。2004 年，被评为北京市首批综合医院示范中医科。

方和谦的医术在中医界有口皆碑。北京许多综合医院在危重病人治疗无效时，常请方和谦会诊，他独到的医术使许多疑难病患者起死回生、转危为安。

几年前，一位 81 岁的老人长期患糖尿病，出现严重的并发症，四肢浮肿，左脚趾亚急性坏死，脚趾呈黑紫色已 1 个月有余，行动十分困难。西医认为只有截肢，老人和家属处在两难之中。后经人介绍，老人找到了方和谦求治。方和谦仔细诊查后，确认此病因元气不足、气阴两虚引起。遂投以"滋补汤"以培补元气、扶正祛邪。两周后，患者用完 12 剂"滋补汤"，四肢浮肿均有好转。6 周后，患者脚趾组织坏疽痊愈。再来院就诊时，但见老人面色红润，活动自如，已可以缓慢行走。

方和谦的医术不仅在国内具有很高的声望，国外一些华人朋友也常常慕名而来。2004 年，他接诊了一位美籍华人姜先生。姜先生 9 年来持续腹泻、腹痛、便血，在美国被诊断为“克隆病”。姜先生在美国就诊西医，治疗近两年均不见起色。美国医生表示无药可治，建议姜先生手术治疗。姜先生回国后在多家医院求助于中医，服用各类方剂一年多，但仍未痊愈。方和谦见其形体消瘦，问诊得知患者腹痛、腹胀、大便溏泻多年。病人的钡餐造影检查结果为：回肠节段性狭窄，假性憩室形成。方和谦确诊其证候为脾气亏虚，湿停气阻。随后，辨证用药，采用参苓白术散组方健脾化湿，香连丸理气止痛。一周后姜先生再次来就诊时，病情明显好转。两年间，姜先生坚持往返于两国之间，每次回美国都随身带六七十剂方和谦开的中药，最终痊愈，令美国医生称奇不已。

方和谦常教导身边弟子，“患者是我们的衣食父母”，“医乃仁术也”。患者不论职位高低、贫富亲疏，都要一视同仁、高度负责。他处方用药，药少力专，绝无大处方，力求简、便、廉解决问题，一剂药通常才几块钱，最多十几块钱。方和谦用药特别注意顾护脾胃，每每加生稻芽、焦神曲等“保胃气，存津液”。他开汤药时，十分注重口感，太苦或太难闻的药尽量不用。

桃李无言，下自成蹊。方和谦于 20 世纪 50 年代初开始从事中医药的教育事业，所培养的中专生、大学生、进修生和西学中医生，遍布京城内外。如今他们都已成为中医药事业的骨干和栋梁。他的第一、二批国家级名老中医继承人已有 3 名先后作为中医科和中药房的主任，成为科室建设的领导者。

科室发展需要人才，从 20 世纪 60 年代末起，方和谦积极引进中医院校毕业生，关心他们的业务学习，并送他们到西医科室及外院学习。为了提高全科中医基础理论水平，他组织科室利用业余时间学习经典著作，结合临床实际讲授的《伤寒论》课程，对全科医生“学经典，用经典”产生很大影响。

与此同时，方和谦还担任首都医科大学的教学工作。西医院校的学生不重视中医理论的学习，为此他注重因材施教，讲课时条理清晰，重点突出，深入浅出，旁征博引，涉猎广泛，声音洪亮。为启发学生对中医的兴趣，他格外注重讲课的艺术性和趣味性，把与中医学有关的诗词、歌赋引用到教学中来，频频引来学生的喝彩。听过他讲课的学生都交口称赞。至今西医科室的老大夫用中药时还念念不忘他的教诲。

为了在教学中更好地考据求源、引经据典，他对《伤寒论》《金匮要略》的内容逐字逐句剖析，深入图书馆，凡有关《伤寒论》的百家注解，如柯韵伯、尤在泾等人的著作均借阅过。讲内科医案时，他翻阅了《王旭高医案》《薛立斋医案》《名医医案》等大量医案，授课时将之与《黄帝内经》《伤寒论》《金匮要略》的理论有机结合起来，并结合临床实际，深入浅出，纵横贯通，令学生茅塞顿开。

20 世纪 90 年代，国家极为重视老中医的继承工作，方和谦被评为第一、二、三、四批全国老中医药专家学术经验继承工作指导老师，先后培养徒弟 8 名。他教学生和蔼、耐心、循循善诱，有问必答，有求必应，对学生从学习、工作、生活、家庭等各方面都关怀备至。在学术上，方和谦对学生毫无保留、无私奉献。他在 81 岁高龄患肺炎住院治疗之际，仍不顾病体未愈，坚持在病床上备课，带病为继承人讲大课。他熟记唐代孙思邈《备急千金要方·大医精诚》篇中之名言“若有疾厄来求救者，不得问其贵贱贫富，长幼妍媸，怨亲善友，华夷愚智，普同一等，皆如至亲之想。亦不得瞻前顾后，自虑吉凶，护惜身命。见彼苦恼，若己有之，深心凄怆，勿避险巇，昼夜寒暑，饥渴疲劳，一心赴救，勿作功夫形迹之心。如此可为苍生大医”用以终生自勉。

2007年11月，北京市中医管理局批准建设“方和谦名老中医工作室”。为启发后学，方和谦不顾85岁高龄，主动请缨，在“名医大讲堂”中给学生和青年医师们系统讲解《伤寒论》。方和谦说，中医经典著作百学不厌，告诫学生要读活书、活读书、读书活，而且身体力行，活到老，学到老。

弟子们都体会到，跟师学习不仅学到了老师的学术思想、临证经验，更学到了对待病人高尚的医德和培育后学诲人不倦的精神。弟子们常说：“先生的思想、学风、医德、医术，这四者得一皆可以受益终生，成为中医界一代大师。”

方和谦是一个极有生活情趣的人：京剧、象棋、汽车样样爱好，还写得一手漂亮的毛笔字。他又是一位美食家，在饭店尝到可口的饭菜一定要学为己用。他思想开明，乐于接受新鲜事物。年轻时曾学习日语4年，如今闲暇时喜欢读读日语，弟子们戏称老师的发音是“大阪味的”。他还一直学习英语，当下流行的手机短信也发得“很溜”。80高龄的他，仍骑残疾人摩托车上下班，载着老伴去菜市场买菜，甚至还一度向往重新拥有机动车驾驶证。

方和谦说，医学与所有学科都有关联，医学与世界万物有着分割不断的联系，做一个明理的医生要兴趣广泛，深究事物之间的因果。万物苍生都有它的规律，掌握了规律，许多问题也就迎刃而解了。只有心情平和、恬淡，才能把自己融入自然之中，达到天人合一的理想境地。

佳节将临，方和谦照例邀请学生们来家里做客。学生们兴奋不已，因为他们知道，大快朵颐的时候到了。方和谦烧得一手好鲁菜，“糟溜鱼片”、“红烧肘子”等拿手菜肴让尝过的弟子们想起来就垂涎欲滴。当“掌勺大厨”方和谦忙不迭地端出一道道美味佳肴时，学生们已经顾不得礼仪，上下其手直取盘中物了。年逾八旬的方和谦也乐得在一旁微笑地注视着这些狼吞虎咽的可爱学生。

方和谦说，“药”“食”同源，做饭和中医处方有异曲同工之妙。好菜讲究主料和辅料，放什么、放多少、如何搭配，才能使菜品色香味俱全。食疗食养是中国饮食文化与中医药文化相结合的产物，厨师调五味，医生亦调五味，既有共性又有不同之处，对食疗的把握即是将二者巧妙地结合在一起，无论是从历史源流、方药构成、制作过程、科学分析各个方面来看，还是从煲、炖、蒸、煮、粥、酒、汁、茶、面点等烹饪技艺来看，它都是饮食与医药的精华所在。

曾经有人向方和谦询问养生的秘诀，他总是轻轻一笑，言道：唯“简单生活”四字而已。他说，任何补品和营养品，都不如按时作息来得重要。人与自然休戚相关，按时而作，按时而息，天道循环，是为真理。

在中医的养生之道中，最讲究的就是“养心调神”。《黄帝内经》有云：“恬淡虚无，真气从之，精神内守，病安从来？”意思是说，一个人只要保持恬淡宁静的心态，使真气顺应规律变化，精气和神气不要外泄，就什么病都不会生了。方和谦所倡导的“简单生活”养生术与此可谓一脉相承。

方和谦认为，中国传统文化博大精深，其中蕴藏着不少养生智能，《论语》中所说的“一箪食，一瓢饮，乐在其中”，指的就是“一粥一饭皆养生，健康就在唇齿间”的简单生活理念，这是一种很好的养生法则。这种简单的生活，能够让人平心静气，不为过多的欲望所累，真正使自己的人生过得健康、有品质。

只有简单，才能从容、快乐。不奢求华屋美厦，不垂涎山珍海味，不追时髦，不扮贵人相，过一种简单自然的生活，外在财富也许不如人，但内心可以享受充实。当然，简单生活不是吝啬，不是“苦行僧”，而是最自然的生活，有劳有逸，有工作的乐趣，也有与家人共享天伦的温馨及自由活动的闲暇。

何人不爱牡丹花，占断城中好物华。多年来，方和谦兼任北京市科技委员会理事、北京中医药大学顾问、同仁堂药厂顾问等诸多社会职务，繁忙的社会工作，外出参会及讲学，使他有机会在更高的层面接触中医界学术权威和学科的领军人物，使京外乃至全国的专家了解自己的学术见解，扩大了自己的影响。他曾出任全国中医药学会中风专业组组长，1985 年，在《北京中医》刊登《中风浅议》一文，为中风病的诊治提出重要见解，对内风、外风论治形成自己的思想体系。

在任北京中医学会理事长期间，他努力团结全市中医同道，发展各学科分会的建设，为北京市中医药事业的发展作出了不懈努力和贡献。

中医学源流久远，流派极多，学术见解各有千秋。方和谦谦虚好学，不耻下问，获得诸家之长。学术和实践上常与现代医家交往，互相切磋，如与朝阳医院翁心植院士共同会诊，与著名老中医路志正、焦树德、谢海洲、巫君玉、陈文伯等探讨中医学术，并与路志正、巫君玉等成为莫逆之交。

方和谦总结自己成功的要素为：熟读经典，注重临床。经典是基础，应用是关键，真知卓识来自于临床实践，疗效是检验医疗水平的唯一标准。他多次发自肺腑地告诫后学，医生的工作维系患者的生命，一定要“实事求是”，决不能强不知为已知。他的治学格言是：“学然后知不足，度然后知长短。”他寄语后学的期待与希望：要与时俱进，不断开拓进取。

前不久，一项全国百名“名老中医临床诊疗经验及传承方法”研究项目正在紧张进行之中，在这张名单上，北京入选的名老中医只有4位，方和谦就是这4位名医之一。年过八旬的方和谦行医60余载，他的一生历经战争与和平的演变，历经时代改革的变迁，作为一名国医传人，他坚定的人生信念，传奇的人生经历，生动地展现出一代中医大家的风采。

2009年，人力资源和社会保障部、卫生部、国家中医药管理局评选方和谦等30位老中医为国医大师。

国医大师的评选，既是对方和谦60余年行医生涯的充分肯定，也是为了营造全社会关心支持中医药事业发展的良好环境，弘扬中医学，振兴中医药行业，促进中医药学术思想和临床经验的传承。

对于国医大师的称号，方和谦说："'国医大师'的荣誉激励了自己。'老牛已知夕阳短，不待扬鞭自奋蹄。'目前我的中心工作就是讲课、带徒。"同时他也提出，中医药人才的培养要注重中医传统理论和临床经验的传承，更需要进一步与现代科学知识相结合。"中西汇通，医书无种。"未来中医学与现代医学必须从实际出发，逐步结合。"中西医结合是手段，不是目标。目标是在实践中更好地应用中医药，提高临床疗效。"

耄耋之年，方和谦除了门诊外，还承担北京名医大讲堂中医基础医学的授课工作、北京薪火传承"3＋3"工程的带徒任务。虽然年事已高，又患有肺病，依然战斗在医疗一线，接近米寿的方和谦仍时常对人说："我虽年迈，始终感觉学习不足。至今大有'书到用时方恨少，事非经过不知难’及‘学无止境’之感。寄予同道，以俟来日。”

“有生必有死，早终非命促。”2009 年 12 月 23 日，噩耗传来，方和谦在北京因病辞世，享年 87 岁。

一位普通患者在网络上这样哀悼：“方大夫您好！我是一位普通的患者，也是您的街坊，在我最困难的时候，您向我伸出关爱之手，免费为我诊病、开药，陪我聊天，为我开导。当时为了少花钱，我停了很贵的西药，喝着您给开的一剂几块钱的中药汤，很快就解决了问题。我一直记着您对我的恩情，很想再到医院看您，可又怕影响您休息。没想到您却走了，我心里太难受了。您给病人带来幸福，自己的生活却那么简朴平实，我无法抑制住难过的心情和泪水，只有默默地祝您老人家一路走好。我会永生为您祈祷，感恩！”

“死去何所道，托体同山阿”，人们在沉浸

于方和谦离世的悲痛时，也将永远铭记他谦和的为人和精湛的医术。

（撰稿人　红　雷）

《中华中医昆仑》丛书150位医家名录

（按生年排序）

张锡纯	丁甘仁	萧龙友	王朴诚	恽铁樵
曹炳章	冉雪峰	谢　观	施今墨	汪逢春
孔伯华	黄竹斋	吴佩衡	蒲辅周	陈邦贤
李翰卿	李斯炽	姚国美	陆渊雷	张泽生
时逸人	张梦侬	叶橘泉	王聘贤	陈慎吾
邹云翔	赵炳南	承淡安	余无言	刘惠民
岳美中	沈仲圭	秦伯未	赵锡武	韦文贵
程门雪	黄文东	赵心波	董廷瑶	吴考槃
章次公	石筱山	陆南山	张赞臣	李聪甫
刘绍武	陈存仁	朱仁康	陆瘦燕	姜春华
韩百灵	高仲山	李克绍	王鹏飞	刘春圃
金寿山	哈荔田	何世英	周凤梧	干祖望
关幼波	王为兰	任应秋	罗元恺	祝谌予
杨医亚	郭士魁	何时希	耿鉴庭	俞慎初

裘沛然	顾伯华	江育仁	邓铁涛	门纯德
刘渡舟	尚天裕	朱良春	李玉奇	程士德
尚志钧	赵绍琴	董建华	米伯让	李辅仁
张珍玉	班秀文	颜正华	于己百	颜德馨
路志正	方药中	王乐匋	黄星垣	谢海洲
余桂清	何　任	王子瑜	程莘农	陈彤云
焦树德	张作舟	张　琪	李寿山	张镜人
王绵之	方和谦	印会河	王玉川	蔡小荪
李振华	马继兴	王嘉麟	宋祚民	刘弼臣
王雪苔	刘志明	吴咸中	李今庸	任继学
裴学义	王宝恩	周霭祥	贺普仁	唐由之
赵冠英	许润三	金世元	陆广莘	刘柏龄
徐景藩	吉良晨	吴定寰	沈自尹	王孝涛
张灿玾	周仲瑛	强巴赤列	张代钊	李经纬
郭维淮	柴松岩	苏荣扎布	陈可冀	李济仁
夏桂成	郭子光	巴黑·玉素甫	张学文	陈介甫